La Culpa Faunicida

La Culpa Faunicida

José M. Rodríguez Lebrón

Número de Control de la Biblioteca del Congreso de EE. UU.:   2014916907
ISBN: Tapa Dura   978-1-4633-9265-9
                   Tapa Blanda   978-1-4633-9267-3
                   Libro Electrónico   978-1-4633-9266-6

Para realizar pedidos de este libro, contacte con:
Palibrio LLC
1663 Liberty Drive, Suite 200
Bloomington, IN 47403
Gratis desde EE. UU. al 877.407.5847
Gratis desde México al 01.800.288.2243
Gratis desde España al 900.866.949
Desde otro país al +1.812.671.9757
Fax: 01.812.355.1576
ventas@palibrio.com
671268

ÍNDICE

DEDICATORIA

A Oscar, un taoista.

INTRODUCCIÓN

Para cuando en 1975 tomaba mi curso de humanidades general en el recinto de Rio Piedras de la Universidad de Puerto Rico, no era un alumno muy aprovechado en esa materia. No creo hubiera podido dar una definición razonable de lo que eran estas. Quizás hoy tampoco pueda hacerlo.

Siempre recuerdo, sin embargo, cuando la profesora (Dra. Isabel La Borde) se refirió a una civilización del pasado que desapareció como consecuencia de una gran debacle volcánica. Esto lo dijo en gran tono de frustración pues se trató de una cultura muy especial.

Unos años después me matriculé en el programa de Ciencias Ambientales de la facultad de Ciencias Naturales. Ya para ese tiempo existía la noción vanguardista de oponer todo lo "natural" a lo que en general posibilitaba nuestros problemas ambientales. Esa intención produjo el que mucha gente óptara por una nutrición natural vegetariana y, dentro de este grupo, personas que incluso abogaban por reconocerles el derecho a la vida a los animales.

El tema que me ocupa en este escrito es que parece haber un sentido de culpa en el ser humano relativo a matar animales. Este sentido de culpa, lo que llamaré "culpa faunicida", hace al hombre en general sentirse inseguro en el mundo, por lo que tiende a dominar la naturaleza y a su prójimo. Esto produce el esquema de valores que en la historia general niegan la posibilidad de sentirnos armonizadamente vinculados a nuestra realidad existencial.

LA CULTURA MINOICA

Hubo sin embargo una cultura del pasado que sorprende a los historiadores por su inusual cosmovisión. Se trata de la cultura "minoica" y floreció entre 1800 a.C. y 1450 a.C. en la isla de Creta entre los mares Mediterráneo y Egeo. Fue una de las civilizaciones que precedió a la Grecia Helénica, y no tengo duda, era el pueblo al que se refirió mi profesora. Ciertamente fue una cultura muy especial. Sus estudiosos la describen como un pueblo…

"Sumamente interesante" (1) pág. 57

Trasmitieron en sus manifestaciones artísticas el carácter de una civilización amante de la belleza y la paz. En otros pueblos del pasado el arte se refería a conquistas militares y a la exaltación de determinado rey o general. Entre los minoicos el arte sorprende por centrarse en el mar, la naturaleza, las mujeres. Es un arte anónimo en el sentido de que a través de él no se puede conmemorar determinados eventos históricos ni el nombre de dinastías o monarcas, ni escenas guerreras o matanzas. Era un pueblo en que la religión no se manifestaba de modo pesimista o cruel. En sus tumbas se hallaron lanzas y puñales de bronce pero no parecen haber sido particularmente agresivos.

Se sabe que los minoicos ejercieron gran influencia en el Egeo y la Grecia Continental para los años 1600 a.C. Esta influencia parece haber sido producida por una cautivante asimilación cultural y no por dominio político o militar, esto a pesar que los pueblos del continente eran poderosos y más agresivos que los minoicos. Siguiendo esa misma tónica encontramos que los palacios minoicos no contaban con fortificaciones. No parece que hayan luchado entre sí a pesar de que para 1700 a.C. comenzaron a desarrollarse cinco o seis centros de poder principales en Creta. Estos centros habrían de crecer sustancialmente en los próximos 300 años y convertirse en densamente poblados conjuntos palaciales. Estos palacios se caracterizaron por su lujo y riqueza por lo que resulta paradójico no hayan pretendido protegerse con fortalezas tanto por lo que se refiere a conflictos internos en la isla como por lo que se refiere a posibles ataques desde el exterior.

Por último es significativo destacar la gran estima que los minoicos sentían por las féminas. Esto es evidenciado en la diversidad de frescos que captan mujeres encantadoras gesticulando graciosamente todas vistiendo de modo parecido, mostrando sus bustos. Y no solamente decoraban el ambiente minoico. Se mezclaban libremente con los hombres como no sucedió ni en la celebrada Grecia Clásica de mil años después. En las ceremonias fungían tanto como fieles y sacerdotisas; y la principal divinidad minoica fue una diosa.

Se podría plantear que todo el despliegue de arte refinado y relajado es lo que la arqueología recoge del ambiente propio de la realeza minoica, sin embargo este fenómeno parece extenderse a toda la sociedad minoica dado que las villas campestres eran construidas de manera que la visión disfrutara del paisaje ya fuera de las viñas campestres o el mar. (1) pág. 57

¿Qué hizo de los minoicos un pueblo tan diferente?

¿Cómo la tesis de La Culpa Faunicida nos puede explicar esto?

Las otras civilizaciones del pasado afloraron en terreno continental, lo que dio paso a una intensa ganadería. Creta, donde surgió la sociedad minoica, era una isla de dimensiones propias como para que la pesca fuera de gran Importancia junto a la agricultura y la ganadería. Pescar supone una actividad que genera poca o ninguna culpa por matar si no hablamos de pescar peces grandes o mamíferos acuáticos. A los peces y otros productos marinos basta con que se les saque del agua para que mueran, mientras que obtener proteína de la ganadería supone, como ya hemos planteado, un acto más traumático en términos emocionales para el ser humano.

Al referirse a la cultura minoca, los conocedores hablan de una sociedad cuya alimentación se basó en cultivos como la vid, el olivo, el trigo, otros cultivos y la ganadería. Para destacar que la pesca fue de primordial alimentación para los minoicos debemos buscar bajo el tema de las culturas pre-helénicas, en donde además se dice que los minoicos practicaban la ganadería extensiva (4). En esta el ganado vaga libremente. Este tipo de ganadería es descrita como de baja productividad (5), lo que tiende a indicar que los minoicos enfatizaban en la pesca para procurarse su proteína.

En las civilizaciones del pasado, el sacrificio de animales constituyó el fundamento religioso con el cual se pretendía ganarse el favor de los dioses. En la clásica obra sobre antropología La Rama Dorada, del inglés Sir Walter Frazer, se hace una compilación del folklore de las sociedades primitivas en principios del siglo xx. En el capítulo titulado "Propiciación de los Espíritus de Animales Muertos" Frazer comenta sobre los rituales de exaltación y solicitudes de excusas que estas sociedades muestran ante los animales muertos en las cacerías. Esto de por sí evidencia la culpa faunicida, y va sentando las bases para que más adelante en la historia surja el sacrificio de animales con la domesticación. El toro fue el animal más amenazador y formidable que la humanidad consumía una vez comenzó a domesticar animales y el miedo hacia el espíritu de este fue proporcional a esto. Por esto, con la excepción quizás de las culturas asiáticas, la veneración y sacrificio del toro fue común denominador en los orígenes de las religiones de todas las civilizaciones del pasado (Recuérdese por ejemplo en la Biblia la adoración del novillo de oro entre los hebreos).

Los minoicos también practicaron el sacrificio de animales pero entiendo que la pesca influyó de tal manera en Creta como para producir un efecto neutralizante en la culpa faunicida de la sociedad minoica. Y, puesto que el ganado vagaba salvaje, los minoicos no se identificaban con los animales como en la ganadería de corral. Esto representaba otro factor en el aminoramiento de la culpa faunicida en la sociedad minoica. Por esto en la sociedad minoica, el sacrificio o veneración del toro, no era un acto más sagrado que el sacrificio de cabras y los animales salvajes (1) pág. 7. (Además, se encontró que los toros vivos a ser sacrificados en las cavernas del sur del palacio de Maliá eran sustituidos por figurillas de arcilla (1) pág. 73)

Otra prueba en cuanto a la relajada actitud religiosa de los minoicos con respecto al toro, se encuentra en la misma leyenda que da nombre a los minoicos, y que es uno de los pocos legados "históricos" que sobre los minoicos nos dejó la Grecia clásica.

El término "minoico" deriva del legendario rey, o reina, "Minos". Según la leyenda a este personaje le es obsequiado un toro blanco para que lo sacrificara al dios Poseidón, dios del mar para los griegos. Minos encuentra tan bello el animal que decide quedárselo. Esto resulta muy interesante en términos de la tesis que nos ocupa pues en general los reyes del pasado derivaban su poder fundamentándolo en el fervor religioso y sacrificar animales era piedra angular para esto. Una segunda opinión que podemos deducir de esta leyenda es que al ser Poseidón dios del mar lo que quizás se le debían sacrificar fueran peces u otros productos marinos. Pero los peces nunca han sido ofrendados, (por lo menos en la tradición judeo-cristiana es así (3) pág. 36), lo que es prueba de la poca o ninguna culpa faunicida que pescar supone. Quizás por esto, aunque la leyenda no lo menciona, no le fue ofrendado el toro a este dios.

Un último análisis que prueban la correlación entre la pesca y su cosmovisión no-agresiva en los minoicos es el siguiente. Ya en un aparte los autores de esta fuente destacan que los minoicos...

"No parecen haber sido un pueblo especialmente agresivo; al menos no lo fueron durante sus últimos años." (1) pág. 57.

Por otro lado las autores encuentran que...

"un estilo bello y original-basado en imágenes de conchas, algas marinas, peces y otros temas del mar, y conocido como "estilo marino" floreció en Creta durante unos 50 años entre 1,500 y 1,450 a.C." (1) pág. 107.

Estos fueron los últimos años de la civilización minoica. En 1,500 a.C. ocurrió el cataclismo volcánico en la isla vecina de Tera que afectó con terremotos, tsunamis y lluvia de cenizas a Creta. Así comenzó el debilitamiento de esta cultura y ya para 1,450 a.C. la ocupación y control de Creta por el expansivo y agresivo pueblo micénico era evidente. (1) pág. 110.

Los estudiosos no pueden explicarse como en sus últimos años, y bajo tales circunstancias los minoicos produjeran su impresionante cerámica marina. Ni tampoco el porqué, aunque tenían suficiente estabilidad cultural, fueran tan especialmente pacíficos en sus últimos años.

Los propios autores reconocen que una pequeña caída de cenizas hubiera bastado para destruir las cosechas durante varias temporadas (1) pág. 108.

Y escapa a ellos el hecho de que al no poder depender de la agricultura y la ganadería, los minoicos tuvieron que concentrarse en la pesca. Fue esto lo que debió sustentar la pujanza cultural que produjo la espléndida cerámica marina y el pueblo decididamente pacifico que los investigadores destacan. (1*)

Por lo demás podemos concluir que estos últimos años en que Creta subsistió del mar demuestran lo significativo que fue la pesca a través de toda su interesante historia.

Hubo en terreno continental griego una ciudad que floreció para los tiempos en que la cultura minoica declinó cuyo estudio arroja luz sobre esta correlación que hacemos en cuanto a la dependencia en el mar y el carácter relajado de los minoicos. Se trató de Pilo en la costa suroeste de Grecia. Por medio de la arqueología y La Ilíada de Homero sabemos que esta ciudad debió ser, al igual que la Creta de los minoicos, muy influida por el mar y en ella encontramos también rasgos de personalidad que nos recuerdan a los minoicos.

Esta ciudad es descrita como la "arenosa Pilo" lo que sugiere un ambiente playero. Frente al trono del palacio principal se encontró un pulpo gigante pintado en el piso y Néstor, caudillo de Pilo para tiempos del asedio a Troya, aseguraba ser descendiente de Poseidón dios del mar. Pilo al igual que Esparta,

Atenas, Micenas, Itaca y otros reinos micénicos formó parte del ataque a Troya lo cual la haría participe del carácter agresivo micénico. Sin embargo hay diferencias. Néstor es descrito en la Ilíada como consejero "calmado y prudente' y en Pilo al igual que en las ciudades minoicas, y contrario a las micénicas, no se construyó fortificaciones.

Al regresar de la guerra en Troya los caudillos Agamenón, rey de Micenas, y Ulises rey de Itaca, encontraron ambientes hostiles comandados por quienes querían usurparles el trono. Agamenón fue asesinado y Ulises tuvo que matar a estos. El trono de Néstor fue resguardado pacíficamente. Todo esto apunta en la dirección de que quizás Pilo fue un reino que prefería no participar en la campaña contra Troya pero que la presión de grupo por parte de los agresivos reinos micénicos pudo más.

LA BIBLIA

Un análisis en torno a la biblia teniendo en cuenta la tesis de la culpa faunicida nos puede ayudar a aceptar la existencia de esta y sus efectos en la humanidad. Esto claro si la examinamos como documento histórico antes que devocional.

Para comenzar la estadía de Adán y Eva en el paraíso simboliza el estado sin culpa faunicida del ser humano pues este no comía carne en el Edén y por tanto no tenía que matar. Dice Dios al ser humano en este sentido…

"Miren que les he dado toda vegetación que da semilla, que está sobre la tierra y todo árbol en el cual hay fruto de árbol que da semilla. Que les sirva de alimento. Y llego a ser así". (2) Génesis 1: 29.

La realidad en el paraíso es tan armoniosa, en términos de culpa faunicida, que ni siquiera los animales mataban otros animales. En el versículo que sigue al anterior, dice Dios….

"Y a toda bestia salvaje de la tierra y a toda criatura voladora de los cielos y a todo lo que se mueve sobre la tierra en que hay vida como alma, he dado toda vegetación verde para alimento", (2) Gen. 1:30.

Como ya mencionamos, el sacrificio de animales en la antigüedad, fue un ritual generalizado entre las culturas pasadas. Y con él se pretendía aplacar y buscar el favor de los dioses. Esto, como ya hemos planteado, era producto de lo amenazado que se sentía el ser humano debido a su culpa faunicida. Esto lo podemos ver claramente en la Biblia pues el sacrificio de animales es instaurado inmediatamente que Dios autoriza al hombre a comer carne. Así dice Dios a Noé y su familia luego del diluvio universal...

"Sean fructíferos y háganse muchos y llenen la tierra. Y un temor a ustedes y un terror a ustedes continuará sobre cada criatura viviente de la tierra y sobre toda criatura voladora de los cielos, sobre todo lo que va moviéndose sobre el suelo, y sobre todos los peces del mar. En manos de ustedes ahora se ha dado. Todo animal viviente que está vivo puede servirles de alimento. Como el caso de la vegetación verde, de veras lo doy a ustedes. Solo carne con su alma, su sangre no deben comer y, además de eso, su sangre de sus almas la reclamaré. De la mano de toda criatura viviente la reclamaré". (2) Gen. 1-5.

Debemos resaltar el hecho de que en el anterior pasaje se considera que la sangre es el alma (en otras biblias se dice que la sangre es la vida). Puesto que la sangre es el alma, o la vida, del animal; se entiende que al no comerla el hombre no mata al animal sino que es Dios quien lo hace. Cuando dice:

"Y, además de eso, su sangre de
sus almas la reclamaré."

Destaca el hecho aquí de que, aunque no coma la sangre, aun así el ser humano siente su vida (o alma) reclamada.

O sea el ser humano no puede desprenderse de su culpa por matar animales.

Y en el versículo que sigue al anterior dice...

"De la mano de toda criatura la reclamaré."

Es donde queda instaurado el sacrificio de animales propiamente, pues aunque se entiende que es el ser humano quien debe pagar con su "alma" "sangre" o "vida", se deja estipulado que Dios se conforma con la de los animales. De esta manera queda la humanidad con la ilusión de ser exonerada, no solo en el ritual de sacrificio, sino también en toda ocasión que se mate un animal. Todo esto es quizás más claramente expuesto en el libro bíblico del Levítico...

"Porque el alma de la carne está en la
sangre y yo la he puesto sobre el altar para
ustedes, para hacer expiación por sus almas,
porque la sangre es lo que hace expiación
en virtud del alma (de ella)". Lev. 17:11

Y en libro bíblico del Deuteronomio:

"Solo cuando tu alma lo desee con vehemencia
podrás degollar, y tendrás que comer carne
conforme la bendición de Jehová tu Dios que él

*te haya dado (...) Debes (la sangre) derramarla
sobre la tierra como agua."* (2) Deut. 12:15-16.

Como vemos, según la tradición hebrea, es matar
animales lo que hace sentir mal al ser humano.
Puesto que para los tiempos bíblicos el ser humano
no podía prescindir de esto, se explica su sentimiento
de culpa o rechazo con el mito del "Fruto Prohibido".

Pero, repetimos, la instauración del sacrificio de
animales, con lo cual el ser humano esperaba
librarse de su culpa, es consecuencia de haber Dios
autorizado comer carne y no cuando el ser humano
es expulsado del Edén.

En la tradición del cristianismo, el sacrificio de
animales del Viejo Testamento, es tomado como un
ensayo o preludio del eventual sacrificio perfecto
que haría Cristo. Luego de Cristo, los que a partir de
entonces se llamarían cristianos, cesaron de hacer
sacrificios. Esto resultó en un aminoramiento del
sentido de culpa y la agresividad que caracterizó al
Antiguo Testamento, por pretender librarse de la
culpa precisamente matando más animales.

La abolición del sacrificio de animales, entiendo,
benefició a lo que llamamos "mundo occidental"
heredero del cristianizado Imperio Romano. Esto
supuso una vertiente religiosa diferente a la del
mundo musulmán que, aunque comparte con los
cristianos los primeros cinco libros de la Biblia en el
Corán, no cree en cesar de sacrificar animales. En
la peregrinación anual a la Meca en el año 2014 se
sacrificaron 640,000 animales. (9) Esto es así pues
el mundo árabe, de donde surge la fe musulmana,

es eminentemente ganadera desde sus orígenes y no se benefició de un ambiente pesquero como la Creta de los minoicos o las costas del mar de Galilea en tiempos de Jesús (De esto último hablaré más adelante).

Entiendo que esto es lo que hace a los musulmanes presos de una cosmovisión más pesimista que la del mundo Occidental y lo que, en sus manifestaciones más extremas, ha provocado la violencia que le ha caracterizado. Claro, nosotros en Occidente estamos lejos de ser un ejemplo a seguir. No somos aquellos minoicos que una vez conquistaron con su ejemplo cultural la poderosa y agresiva civilización micénica. Esto es así pues Jesús abolió el sacrificio de animales mas no el faunicidio en general por lo que seguimos cargando con las consecuencias que esto supone.

Sin embargo, un análisis más cercano de la vida de Jesús nos trae una realidad muy interesante y reveladora, si nos enfocamos en la tesis que nos ocupa. Así como los minoicos, el consumo de pescado rodea la figura de Jesús. Según el Evangelio el ministerio de este se produce mayormente en las aldeas y ciudades costeras del mar de Galilea, como Capernaúm, Betzaida y Corazín. Los primeros discípulos que elige son pescadores y al más veterano de estos lo elige como jefe de su iglesia.

En dos ocasiones reparte pescado masivamente entre sus seguidores (2) Mat. 14;16-21; Mat. 15;32-37, y una vez resucitado le otorga pescado a sus discípulos ; e inclusive, consume de este, (2) (Juan 21:9-13, Juan 24: 41-43, respectivamente.)

El tema de la pesca enmarcó en
gran medida la vida de Jesús

Don Colbert en su libro sobre nutrición "¿Qué
Comería Jesús?", dice...

*"Sabemos con seguridad que Jesús comió pescado
puro, fresco y no contaminado casi todos los días
de su vida. Es más creo que el pescado y el pan
fueron de los alimentos básicos de su dieta. ¿Por qué
aseguro esto? Porque el pescado era la carne más
común que se ingería en esa época. En tiempos de
Jesús, el mar de Galilea, el mar Mediterráneo y el
rio Jordán eran fuentes de pesca, y el pueblo judío
comía una amplia variedad de ellos. Abundaban
tanto en los mercados de Jerusalén que una puerta
de la ciudad antigua de Jerusalén fue denominada
"Puerta del Pescado"... Algunos historiadores han
calculado que en el mar de Galilea trabajaban cerca
de tres mil barcas de pesca en los tiempos de Jesús.
A veces su pesca era grandiosa".* (3) págs. 33 y 34.

Existe la posibilidad de que Jesús haya predicado el consumo de pescado como la fuente ideal de proteína animal que debe consumir el ser humano y que esta enseñanza se haya perdido en alteraciones que posiblemente sufriera el evangelio en aras de proteger intereses creados.

Pero, aunque su mensaje era universal, era técnicamente imposible que la humanidad de tiempos de Jesús se alimentara toda de pescado. Por esto es más plausible pensar que su mensaje fue dado para que fuera comprendido, o asimilado, en nuestros tiempos cuando si contamos con la capacidad industrial como para esto.

Siguiendo el análisis en torno a la Biblia, llegamos al Apocalipsis, o Libro de Revelación, escrito por el apóstol Juan de un sueño que tuvo. Luego de una especie de introducción, en el capítulo 4 de este libro, se narra que a Juan le es concedido ver....

"Una puerta abierta en el cielo" (2)

(Apocalipsis Cap. 4 en adelante.)

Resumiendo Juan puede ver a través de esta puerta un personaje en un trono (quien luego es identificado como Jehová o Dios), alrededor de este trono ve otros tronos más ocupado por ancianos y extraños animales. El personaje en el trono tiene en sus manos un folio sellado por siete sellos. Entonces se oye la potente voz de un ángel proclamando...

*"¿Quién es digno de abrir el rollo
y desatar sus sellos?*

Entonces aparece un cordero…

"Como si hubiera sido degollado"

El cual es proclamado como digno de desatar los sellos. El cordero comienza a desatar los sellos y cuando abre el sexto sello, ocurren una serie de cataclismos seguidos por los siguientes versículos…

> *"Los reyes de la tierra y los de primer rango y los comandantes militares y los ricos y los fuertes y todo esclavo y toda persona libre se escondieron en las cuevas y en las masas rocosas de las montañas. Y siguen diciendo a las masas rocosas: "Caigan sobre nosotros y escondednos del que esta sentado en el trono, y de la ira del cordero, porque el gran día de su ira ha llegado. ¿Y Quién podrá estar en pie?" Apoc. 6: 15-17., (2*)*

El cordero fue el animal más sacrificado en el Viejo Testamento y vemos que el pasado pasaje no se presenta como víctima inmolada a fin de agradar a Dios sino que, a nuestro entender, simboliza todo animal matado en la tradición bíblica con el derecho a tomar venganza.

Al final del Apocalipsis es mostrada al apóstol Juan "La Nueva Jerusalén" (3) (Apoc. 21:10 en adelante). Es una ciudad magnífica que representa como serán los "Nuevos Tiempos". En ella se menciona estará…

"El trono de Dios y del Cordero"

Esto podría representar que el ser humano (que es a imagen y semejanza de Dios), y el Cordero (los animales) vivirán en armonía. Esto es así pues en adelante, según la tradición bíblica, no habrá necesidad de matar pues…

"Y él me mostró un rio de agua de vida, claro como el cristal, que fluía desde el trono de Dios y del Cordero por el medio de su camino ancho.

Y de este lado del rio, y del otro lado, (habían) arboles de vida que producen doce cosechas de fruto, y que daban su fruto cada mes." Apoc. 22:1,2)

O sea en ningún pasaje en que se describe "La Nueva Jerusalén" se habla de que habrá animales, o ganado disponible, como lo habría en un mundo de abundancia si se pretendiese comer carne en ella.

EVIDENCIA PALEO-ANTROPOLÓGICA

En el legado de la ciencia paleo-antropológica encontramos interesantes datos que apuntan en la dirección de que el Homo Sapiens tiene su origen evolutivo en un ambiente costero marino.

En términos de la tesis que nos ocupa esto podría plantear que el ser humano está más capacitado, psíquica o emocionalmente, a consumir productos provenientes de estas zonas.

Fue en este ambiente en que desarrolló la inteligencia como para planificar y ejecutar la cacería de grandes mamíferos peligrosos. Entiendo que la cacería propiamente debió comenzar en la historia de Homo Sapiens cuando ya el ambiente marino, ribereño o lacustre no podía sostener la creciente población. De esta manera comenzaría la culpa faunicida a manifestarse en su cosmovisión.

Datos provenientes del artículo "Tracking the First of Our Kind" de la revista National Geographic de septiembre de 1997 (pág. 97) sostienen esa idea.

Por un lado el hallazgo del fósil más antiguo asociado al ser humano moderno. Esta es una huella atribuida a una fémina, que data de unos 117,000 años, en una duna petrificada a orillas de la laguna Langbaan al norte de Cape Town en Sudáfrica.

Este dato está sustentado por evidencia surgida en la ciencia de la genética poblacional. Esta disciplina establece a base del estudio de mutaciones en el DNA, que donde más tiempo ha habitado el ser humano es en el sur de África. Por otro lado en un yacimiento a orillas de un rio, a algunos cientos de millas al sureste de este lugar, llamado yacimiento "Klasies River Mouth", encontramos otro dato interesante. Estas cuevas comenzaron a ser habitadas hace unos 120,000 años atrás (más o menos para el tiempo que vivió la mujer que plasma su huella en la laguna ya mencionada).

El autor de este artículo, Richard Klein, comenta que estas cuevas debieron ser habitadas por grupos que recolectaban su sustento. Antes de 60,000 años atrás el estudio de los depósitos de estas cuevas demuestra que sus ocupantes no pescaban. Cuando los grupos regresaron a estas y otras cuevas al sur-este de África, hace 20,000 años atrás, los depósitos correspondientes aparecen "llenos de huesos de pescado".

Las capas más tempranas de estos depósitos también muestran huesos de un mamífero dócil y posteriores capas contienen huesos de mamíferos peligrosos. Klein plantea que estas habilidades de pesca y caza halladas aquí son concurrentes con la tesis de "muchos especialistas" que ubican el surgimiento del pensamiento simbólico o abstracto (que nos capacita para analizar el pasado y adelantar el futuro), entre 40,000 y 60,000 atrás.

Según puedo entender luego de los primeros 60,000 años en que estuvieron ocupadas estas cuevas y hasta hace 20,000 años estas cuevas estuvieron desocupadas. Entiendo que fue en este periodo de tiempo en que el Homo Sapiens debió comenzó a pescar propiamente en el ambiente costero marino y por eso no necesitó volver a recolectar a estas cuevas sino hasta hace 20,000 años atrás. Posiblemente el crecimiento poblacional producido por la pesca hizo que el Homo Sapiens, ya pescador, regresara a estas cuevas para esa fecha aprovechando la pesca ribereña. El que otras cuevas, aparte de la Klasies, comenzaran a ser ocupadas para esa fecha podría sustentar la teoría del crecimiento demográfico provocado por el surgimiento de la pesca pues estas cuevas son descritas de poca accesibilidad o conveniencia para ser habitadas.

Cuando ya ni las zonas de pesca marinas, ribereñas o lacustres pudieron sostener la población humana se dieron las circunstancias para que el ser humano comenzara a cazar y por esto la relación de las capas de depósitos de hueso halladas por Klein.

En la revista National Geographic encontramos otro artículo sobre paleo-antropología, People Like Us (Julio del 2,000, pág. 95). En el encontramos evidencia que podría sustentar la idea de que el Homo sapiens se origina para las etapas de la historia antes indicadas y de que fue un ambiente marino lo que propició esto; nuevamente en las costas sur de África.

En este yacimiento en las cuevas Blombos a 185 millas al este de Cape Town, Sud-África, se encontró manufactura atribuida al Homo sapiens que datan de hasta 70,000 años atrás.

Entre otros hallazgos, el más importante para los descubridores son los huesos de una clase de pez que llega a pesar hasta 50 libras. Puesto que no se encontró anzuelos, se cree que estos pescadores guiaban de alguna manera estos peces hasta zonas donde podían arponearlos con sus lanzas. Para los investigadores, la ejecución de esta actividad supone el uso de un lenguaje elaborado, una característica inequívoca del ser al que llamamos Homo Sapiens.

LA ACUACULTURA

La acuacultura quizás representa la manera más prometedora ante la interrogante de cómo se alimentará la creciente población mundial en el futuro. Y, en base a la temática aquí planteada, la existencia y continuo desarrollo de estas técnicas, viene a ser el oportuno recurso por excelencia en apoyo al cambio hacia una dieta reformadora.

La acuacultura consiste en el aprovechamiento de especies acuáticas, ya peces, crustáceos, moluscos o plantas mediante la intervención del hombre modificando áreas acuáticas para la manutención y recolección de estos. Esto se puede lograr también en tanques de agua en tierra firme. Éstas técnicas suponen el crecimiento de una industria ya existente, a grande (o quizás preferiblemente mediana escala), como también el establecimiento de esta en áreas rurales en todo el mundo para aprovechamiento directo o como negocio, significando además esto en adelantos en el plano socioeconómico. Referente a esto último cabe señalar que la acuacultura tuvo su origen en Asia desde hace milenios. Los agricultores chinos combinaban el cultivo de carpas con los sembradíos de arroz en los humedales siendo estos fertilizados con los desechos de los peces. Este sistema todavía hoy es implantado en más de tres millones de hectáreas de arrozales en Asia.

El consumo de alimentos producidos por la acuacultura ha aumentado considerablemente. Las piscifactorías industriales surgen por doquier. La acuacultura ha aumentado unas 14 veces desde 1980. Y para 2012 sobrepasó los abastos de carne de res por primera vez. Su producción representa casi la mitad de los productos acuáticos que se consumen globalmente. Por otros factores que le favorecen y por su reputación como alimentos saludables se estima que esta industria crecerá 35 por ciento dentro de los siguientes 20 años. Puesto que los peces son de sangre fría y solo sufren una fracción del efecto de la gravedad por habitar en un ambiente flotante, no requieren ser alimentados tanto como los animales terrestres. Así se reduce sustancialmente la demanda sobre recursos terrestres.

Más no todo es color de rosa. La acuacultura ha confrontado los mismos efectos negativos que la industrializada agricultura en tierra. En Asia, donde se encuentra el 90 por ciento de las piscifactorías del mundo se ha arrasado con vastas áreas de mangle para aprovechar cuerpos de agua naturales. Tanto en Asia como en otros países se recurre al uso de pesticidas y antibióticos por las enfermedades que generan los peces debido a la alta concentración en los corrales sumergidos.

Esto requiere el uso continuo de plaguicidas y antibióticos, inclusive de algunos prohibidos en ciertos países. A esto se suma la contaminación que produce la alimentación, los desperdicios de los organismos y los organismos muertos. Todo esto va a ríos, lagos y a tranquilas aguas del mar donde tienden a concentrarse.

Hay que considerar además que algunos de los peces cultivados se alimentan con organismos forrajeros como kril y peces pequeños. Lo que se utiliza para esto representa el 70 por ciento del suministro total de pescado en el mundo y casi el 90 por ciento del aceite de pescado. Los forrajeros son el alimento de ballenas, focas, pingüinos y aves, y para los críticos de la acuacultura no es razonable que se desplace este renglón de la cadena alimenticia para producir masa de proteína relativamente barata.

Ante estos retos se sigue investigando y experimentando. La acuacultura en tanques de agua en tierra podría eliminar el impacto ambiental en los cuerpos de agua naturales. En el futuro el metano de los desechos orgánicos de estos tanques podrá generar la electricidad necesaria para filtrar el agua y así poder recircularla. Por otro lado se recomienda la crianza en aguas profundas del mar de este modo las corrientes diluyen efectivamente la contaminación y los microorganismos que causan enfermedades. Actualmente existe en las costas de Panamá la única piscifactoría de este tipo y en 2013 envió 800 toneladas de esmedregal a restaurantes lujosos en E.U. Su dueño asegura no ha tenido que tratar sus peces con antibióticos y los investigadores de la Universidad de Miami dan fe de la limpieza en las cercanías de los corrales.

Hay proyectos interesantes de policultivos inspirados en la tradición de los arrozales en China. En la costa de la Columbia Británica se cultiva una sola especie de pez, el bacalao negro. Más abajo en la escorrentía se colocan ostras, mejillones, berberechos y vieiras que se alimentas de las excreciones de los peces junto a hileras de kombu de azúcar que se emplea en sopas y sushi y que filtran aún más el agua. En el fondo de todo esto se cultiva pepinos de mar que absorben también desechos y que son una delicia para el paladar asiático. Esta idea de organismos filtradores ha inspirado a otros negociantes de la acuacultura. Un buen camino hacia la sustentabilidad seria aprovechar estos como se ha hecho con crustáceos y algas. Tienen un alto grado nutritivo, y no hay que alimentarlos mientras limpian las aguas. Sin embargo por su función como filtradores tienden a acumular contaminantes peligrosos por lo que creo se debe contar con métodos confiables de control de calidad.

De cara a la posibilidad de un mundo sin el yugo de la culpa la acuacultura promete y evoluciona. En el pasado las piscifactorías de salmón le causaron desprestigio a la acuacultura por su contaminación. Hoy día se produce de 10 a 15 veces más salmón que en los años setenta y ochenta con una fracción de la contaminación. Creo ver en el futuro comunidades enteras, incluso las de países avanzados en tecnología, envueltas en proyectos de acuacultura comunales. Motivadas, quizás, tanto por la temática central que presenta este libro como por el factor que representan en lo económico, estético y educativo. Los estanques de acuacultura comunitaria podrían convertirse en el ícono de la sustentabilidad.

CHINA Y JAPÓN

Quisiera hacer un breve comentario sobre estas dos potencias asiáticas que refuerza nuestra tesis aquí planteada. Se tiene la noción generalizada de que la dieta en China y Japón consiste básicamente en arroz y pescado. Lo cierto es que ambas potencias desde mucho tiempo atrás han explotado el cerdo y las aves de corral. La ganadería propiamente es limitada en ambos países. En China es extensiva y en Japón no se cuenta con el espacio para el desarrollo de ésta. Me da la impresión de que ambos países se han beneficiado de no sufrir el impacto que la culpa faunicida le hubiese infligido a través de la ganadería. Sin embargo existe en Japón una tradición de tipo de pesca que ha delineado una gran diferencia entre ambos países; la pesca de mamíferos marinos, mayormente ballenas y delfines. En un estudio reciente 48% de los japoneses entrevistados admitieron haber comido carne de ballena alguna vez.

Entiendo que el reducido impacto emocional de la ganadería en China provee para la particular cosmovisión de este país referente a la naturaleza, como por ejemplo lo es el taoísmo. Es por esto que desde los años setenta China ha tenido grandes logros en el campo ambientalista.

Tanto este país, como Japón, gozan de gran fama por la exquisitez de sus jardines, mas este arte es originado en China con el budismo zen y luego exportado a Japón.

Desde el 1500 en adelante ambos países han exhibido conducta expansionista mediante la conquista militar. A China se le pueden adjudicar siete intentos de esta naturaleza en ese lapso mayormente contra Nepal y el Tíbet. A Japón unas diecisiete, sin contar las invasiones durante la Segunda Guerra Mundial que sumaron dieciocho a lo que podemos agregar el celebre ataque a Pearl Harbor.

Desde el final de la Segunda Guerra Mundial las actividades expansionistas de las naciones se ven controladas por el temor termonuclear. Sin embargo creo que el afán imperialista exhibido por Japón hasta 1945 da cuenta de cómo la tradición ballenera y delfinera moldeó un carácter agresivo propio de una fuerte culpa faunicida.

RECAPITULACIÓN

Platón en sus escritos pretendió ejemplarizar divulgando el ideal de la ciudad perfecta; La Atlántida. Hoy día se saben cuáles fueron las circunstancias que inspiraron a este filosofo plantearse este ideal (3*). Sabemos que Platón, sin saberlo, hablaba de la civilización minoica, una cultura que no conoció salvo por algunas leyendas que se perdían en la niebla del pasado de la Grecia Clásica.

Todavía hoy muchos siguen esperando se encuentre esta ciudad en el fondo del mar y se descifren sus secretos, pues son apremiantes la necesidad de "buenas nuevas" como para superarnos en lo colectivo; y no se quiere aceptar que La Atlántida fue la cultura minoica.

Esto es así pues no somos capaces de comprenderla. Sus intereses, sus estilos, sus adelantos, su refinamiento, en una palabra; su relajada actitud ante la vida nos resulta incomprensible y enigmática por la pauta tan diferente que marco con respecto a los otros grandes estados del pasado; y también con nosotros.

Entiendo que ahora hay luz como para instruirnos al respecto.

Habrá que seguir investigando, escudriñando en las aportaciones de las ciencias sociales en general; más tengo fe de que el faro de la teoría de la culpa faunicida nos puede llevar a puerto seguro.

Creo que estamos a tiempo. Son muchas las ideas técnicas que nos pueden suplir energía limpia e inagotable. Estas ideas hoy día se ahogan en las condiciones que imponen las fuerzas del mercado, los intereses; lo que a su vez posibilita el juego del poder de los que dirigen en general a los países líderes que podrían bien encaminarnos.

Pero nuestra necesidad de organizarnos en bloque, esquematizadamente, de manera que sintamos la seguridad de una fe puesta en figuras de poder no se nutre de otras cosas que el miedo y la desconfianza. Antes nuestros antepasados no conocían su entorno natural y le temían (4*). Hoy los prodigios de la ciencia nos hacen ver las cosas de manera muy diferente; pero seguimos temiendo al prójimo.

En todo líder de potencia de alta tecnología palpita la idea de que al "enemigo" más vale eliminarlo antes que "nos elimine". La gesta ambiental y energética requiere de un esfuerzo mundial, más esto no será posible sino advertimos el beneficio de orientarnos hacia una dieta redentora.

Entiendo que debo comentar en cuanto al hinduismo y el budismo. Dentro de estas religiones o filosofías existe, desde hace mucho tiempo atrás, un llamado al respeto por lo vivo. Creo que si estas doctrinas, así como otros movimientos que hoy día comparten esa idea, fallan en ser más exitosos se debe a que la humanidad en general gusta de la proteína animal. Como hemos planteado con la evidencia paleo-antropológica parece ser que el Homo Sapiens surge en un ambiente costero marino en donde colecta pequeñas criaturas y luego comienza a pescar propiamente. Los seguidores de las doctrinas que predican el respeto a lo vivo lo hacen por serles enseñado por sus líderes fundadores o tradiciones, y esto les basta. Los movimientos que más recientemente promueven lo mismo no tienen esta limitación y pueden ser líderes para lograr se respeten los derechos a los animales; y obtengamos los beneficios sociales que esto implica a la vez que se complace el paladar general con la dieta basada en pescado y mariscos.

A estas alturas el lector posiblemente esté considerando llevar la dieta que aquí recomendamos. Esto podría ser de gran beneficio para su salud. Consumir pescado regularmente puede reducir hasta en un cuarenta por ciento el riesgo de morir por un ataque al corazón. Los peces en general proveen nutrientes esenciales como zinc, cobre, vitaminas del complejo B, magnesio, yodo y otros minerales.

En finales de la década de los setenta el Dr. J. Dyerberg notó que los esquimales de Groenlandia tenían una tasa de ataques cardiacos solo diez por ciento de la de los adultos en E.E.U.U. Investigó y encontró que los esquimales tenían una dieta rica en aceites de pescado y focas de agua dulce, y que sus niveles de colesterol (malo) LDL eran bajos mientras sus niveles de colesterol (bueno) HDL eran altos.

A partir de entonces en la década de los ochenta una serie investigaciones comenzó a ser publicadas en el Boletín de medicina de Nueva Inglaterra (New England Journal of Medicine) concluyendo que las dietas ricas en aceite de pescado se relacionan con una menor tasa de enfermedades coronarias.

Además de esto el consumo de pescado contiene propiedades benéficas contra más de una veintena de enfermedades o condiciones. (3) pág. 38. Por todo esto hoy contamos en el mercado con suplementos de aceite de pescado ricos en el ingrediente activo omega 3 y purificados contra contaminación de mercurio.

Asumir una dieta basada en pescado y otros productos del mar requiere estar informado. Los mariscos, ostras, mejillones, almejas, etc. son criaturas que básicamente se alimentan filtrando el agua o de deposiciones orgánicas. Por esto tienden a acumular contaminantes en sus tejidos. Esto ocurre también en los peces. De hecho los peces más recomendados son los que producen más tejidos grasosos y es aquí donde se acumulan los contaminantes.

Toda esta información en torno a los beneficios y consumo del pescado, así de como esto se asocia a la vida de Jesús, la podemos encontrar en el magnífico libro sobre nutrición titulado "Que Comería Jesús" del Dr. Don Colbert. (Ver bibliografía). En el encontrará valiosa información sobre como adquirir pescado fresco y no contaminado.

Por otro lado la información que encontramos en la Biblia es de un valor incalculable. Por esto creo como de suma importancia que todo aquel que entienda que la Biblia contiene las respuestas para la humanidad no tome a la ligera que aquí digamos, por ejemplo, que la predicación de Jesús está ligado al consumo de pescado y que en el Apocalipsis encontramos un cordero desatando su ira como venganza, y que todo esto cuadre con la simple idea en nuestras mentes de que matar animales es algo malo.

Supongo que para los cristianos es inconcebible que Jesucristo vuelva e implante el reino de amor que esperan y los mataderos sigan funcionando. Creo que los cristianos pueden continuar su máxima de esperar el regreso de Jesús y a la vez adoptar la dieta basada en pescado promulgando los beneficios sociales que esto conlleva.

La gesta ambiental y energética requiere un esfuerzo orquestado mundialmente y esta no será posible si no cambiamos nuestros esquemas de valores; y esto creo se logrará girando unos grados "la brújula "con un cambio hacia una dieta reformadora.

Los lineamientos de lo aquí expuesto es una enseñanza simple, raya en el sentido común. Es algo que tenemos tan cerca que no lo podemos ver. La culpa faunicida es responsable de que no nos armonicemos con nosotros y el mundo allá fuera. La desigualdad, el discrimen, los de ambulantes, las enfermedades mentales, el crimen de cuello blanco, el que nos sintamos pecadores, etc., imponen en nuestros tiempos una tarea que se puede acometer a la luz de lo que ahora conocemos de nosotros.

La tesis aquí presentada recoge el sentir de los que hace mucho tiempo manifiestan que resolver las crisis comienza resolviendo nuestra actitud hacia los animales (5*), solo que aquí le damos un argumento histórico y/o científico. La tesis de La Culpa Faunicida es hija de la era. Nos puede ayudar a implantar un mundo fundamentado en el amor que nos permita alcanzar nuestra total humanidad.

"Siempre he comido carne con cierta sensación de culpa...

Siempre me ha parecido que el ser humano no nació para ser carnívoro"

Albert Einstein

ACOTACIONES

1*) Estas fechas de los últimos años de la cultura minoica que son dados en la referencia núm. 1 no necesariamente son precisas. (Véase Wikipedia media bajo "Erupción Volcánica en Tera.") Hay diferentes opiniones sobre cuándo fue la explosión volcánica en la isla de Tera. Sin embargo esto no desvirtúa la relación que hacemos en cuanto a la dependencia en el mar de esta cultura en sus últimos años y la alegada cultura pacífica que fue.

2*) Para este versículo en particular refiero al lector a la Biblia de Jerusalén disponible "online". Esta es traducida lo más fiel posible a los antiguos textos bíblicos y es más específica en este versículo en cuanto a que la ira corresponde al cordero y no al personaje en el trono.

3*) Platón heredó información al respecto de los descendientes de Solón. Este erudito ateniense viajó a Egipto para el año 590 a.C. y recabó información sobre una civilización culta en el mar Mediterráneo desaparecida repentinamente luego de haberse escuchado un gran estruendo.(Ver referencia núm. 1, págs. 91, 92)

4*) Incluso en la civilización minoica encontramos evidencia de esto. La arqueología da cuenta de un sacrificio humano por temor a los fuertes terremotos que ocurrían en Creta para 1,700 a.C. (Ver revista National Geographic, febrero de 1981, pág. 205).

5*) Hay mucha información en las redes sobre grupos y personas dedicadas a promulgar los derechos de los animales. Un gran recurso educativo son los videos obtenidos en los mismos mataderos. Ciertamente son imágenes lo impactantes como para hacer reflexionar a cualquiera. Estos videos los puede acceder bajo "amigos de los animales-videos mataderos".

BIBLIOGRAFÍA

1) Enciclopedia "Los Orígenes del Hombre"; Tomo-Las Primeras Culturas de Grecia; por Mailand A. Edey y El equipo editorial de los libros "Time-Life".

2) La Biblia; Reina-Valera © 1960 Sociedades Bíblicas en América Latina; © renovado 1988 Sociedades Bíblicas Unidas.

3) ¿Qué Comería Jesús? Don Colbert, M. D., Editorial Caribe, Inc., sello Betania, Copy Right Editorial Caribe, Inc. Una división de Thomas Nelson, Inc. Nashville, T. N.- Miami, Fla., E. E. U. U. Web: www. caribebetania.com

4) Wikipedia Media; tema "Grecia Antigua Insular".

5) Wikipedia Media; tema "Ganadería Extensiva".

6) La Rama Dorada (Magia y Religión) online, modalidad pdf: iscte.pt/~fgvs/Frazer. Pdf; Sir Walter Frazer; capítulo. "Propiciación de Espíritus de Animales Muertos".

7) Revista National Geographic; artículo; "Tracking the First of Our Kind"; sept. 1997, pág. 97.

8) Revista National Geographic; artículo; "People like Us"; Jul. 2,000, pág. 95.

9) Diario español, El País, 20 de marzo de 2000.

10) Ganadería en China, (es.slideshare.net/socalesivivas/ganaderia-china)

11) Ganadería Japonesa, (paublamar.blogspot.com/2010/04/ganaderia-japonesa-html)

12) La Matanza Anual de Delfines en Japón, (www.animanaturalis.org/...matanza-anual-de-delfines-en-japon)

13) Últimas Noticias sobre Japón y los Japoneses, (www.verjapon.com/news/japon-proseguira-la-pesca-de...)

14) Historia de Japón, (es.wikipedia.org/wiki/historia-de-japon)

15) Historia de China, (china.globalasia.com>cultura china y oriental)

16) Images of Cronologia Invasions Historia, (bing.com/images)

17) Revista National Geographic; artículo; La Evolución de la Acuacultura; Junio de 2014.

18) Biblia de Jerusalén, disponible "on line".

SOBRE EL AUTOR

Aquejado por una fuerte esquizofrenia desde su adolescencia, que casi le cuesta sus estudios universitarios, hoy a los 60 años ve realizado el proyecto que se propuso desde los años 70.

José M. Rodríguez Lebrón

39, Carr.188, Apartado 1125

Loíza, Puerto Rico, 00772

jose.rodriguez178@yahoo.com

www.ingramcontent.com/pod-product-compliance
Lightning Source LLC
Chambersburg PA
CBHW061225280526
45784CB00006B/2640